Margot Weinand

Unser Sommer

Gedichte gereimt und ungereimt

Impressum
1.Auflage
April 2020
Alle Texte und Fotos Margot Weinand
Herstellung und Verlag:
BoD- Books on Demand, Norderstedt
Printed in Germany,
ISBN 9783751915373

Inhaltsverzeichnis

Vorwort

Bleibende Kostbarkeiten

Gedichte helfen inne zu halten,
um eine kleine Reise der Gefühle
und Gedanken zu unternehmen und
sie mit Poesie zu erfrischen.
Ich wünsche ihnen beim
Lesen die gleiche Freude
wie ich sie beim Schreiben hatte.

Mein Motto: „Gedichte für alle
Momente des Lebens".

Ihre Margot Weinand

Arbeit

Nach getaner Arbeit
kann sie nicht ruhen
immer noch bleibt
etwas anderes zu tun.
Sie muss Ruhe und Kraft finden,
um sich von dem,
was drückt zu entbinden.

Simone

Danke möchte ich Dir sagen
dass Du mich an vielen Tagen,
wenn ich auf Dich gewartet habe,
mich beschenkt mit reicher Gabe.
Bist mir lieb wie eine Tochter
bist mir Freundin wie ich mochte.
Danke dir zu Deinem „Feste"
wünsche dir das Allerbeste.
Dass Träume in Erfüllung gehen
wir stets auch zu einander stehen.

Feldweg

Ihre Gedanken gehen zurück,
Ernte eingebracht zum Glück.
Goldene Sterne wurden erdacht,
Berge von Arbeit aber gemacht.
Sie schweigt still, er redet öfter,
sie will nicht das Gold der Sterne,
sie sieht sie gerne nur von ferne.
Kein Kleid aus Samt und Seide,
sie ist lieber mit ihm alleine.
Will lieber den Zauber der Liebe
erleben,
und sich dem Ganzen völlig
ergeben.

Haiku

Würde gern tanzen
unter dem Regenbogen
auch hindurch fliegen

Abendspaziergang

In der Sonne in hellroten Farben
zarte Lichtkonturen es waren
feuerrot taucht dann der Ball,
seinem Ziele nah, dem All.
Denn das verglühende Licht
verlor die Sonne nicht.

Wie auf breiten Streifen
der Tanz auf der Schleife
feste halten, doch nichts bleibt
Sonne sie hat ihren Schein
eingetaucht in Dunkelheit
um uns wirkt die Einsamkeit

Haiku

Zurückgekommen
grenzenlos ihre Liebe,
die ihr den Mut gab

Unser Sommer

Vor uns liegt unser Sommer,
„Sommer der Liebe".
Sternklarer wolkenloser Himmel,
uns fehlt das Quaken der Frösche.
Der Sommer ist schnell vorbei,
geblieben ist unsere Liebe.
Himmel sternklar und wolkenlos.
Das Quaken der Frösche hat der
Sommer mitgenommen.

Heller Tag

Der Morgen eingehüllt,
Decke mit Dunst gefüllt.
Strahlen bohrten ein Loch,
Sonne schafft es ohne Smok.
Das zarte Vogelkonzert
am Morgen sehr begehrt.
Es wisperte leise der Wind,
wie Frühlingsboten so sind.

Duft

Jede Blume und jeder Baum
merken wir das überhaupt.
Jeder Weg hat seinen Duft.
Blinde erkennen allein daran die,
Jahreszeit die sie durchschreiten

Jeden Abend

wenn die Sonne untergeht,
der Mond am Himmel steht.
Sterne in großer Pracht funkeln
danach wird es schnell dunkel.
Träumen in den nächsten Tag
was er uns wohl bringen mag.
Glaube auch mit frohem Mut
auch der nächste Tag wird gut

Bruchstücke

Große Wunder mich umgeben
aus Brüchen meines Lebens
ein Mosaik auf großem Feld
ein Traum gelebt in meiner Welt

Das große Wunder

Lehre mich, über Wunder staunen,
auch über Steine die einzubauen.
Unsagbar große auch kleine
ein Mosaik, das will ich meinen.
Großartig,
von dem man nie genug
jene, die man immer sucht.
Ein Hoffender gibt niemals auf
er bleibt in seinem Staffellauf.
Ist das Wunder dann geschehen
er bleibt dabei, er hat`s gesehen!

Traum im Fernsehsessel

Im Fernsehsessel eingeschlafen
habe aber nichts verpasst
doch gewonnen einen Traum
leider war er nur kurz

Dahlienzeit

Ruhten aus auf einem Steine
die Dahlie und ich alleine
einem Sternball glich die Blüte
eine Schönheit bester Güte
die uns alle hat erfreut
vorbei die schöne Dahlienzeit

Haiku

Ich sehe dieses Bild
umrahmt von Tür und Fenster
den blühenden Balkon

Die bestimmte Zeit

Die Zeit, ich sehe sie nicht
bleibe stehen sie steht nicht mit.
Messe die Zeit dann mit der Uhr,
find dabei dann auch die Spur.
Fürchte das ist jetzt vorbei,
doch, sie wird dann täglich neu.

Haiku

Auf einer Brücke
schaut er auf kleine Wellen
und träumt von Reisen

Möchte schreiben

Ich möchte gerne weiter schreiben
und auch niemals Keile treiben
immer Freud und Liebe buchen
und dann einen Freund besuchen

Lebensstil

Sie will leben ohne Sorgen
hin und wieder etwas borgen
will aller Not entrinnen
lieber Neues dann beginnen.
Sie will liegen unter Bäumen,
schwelgen dann in ihren Träumen.
Denn Sehnsucht nach dem Glück
bleibt im Herzen stets zurück.

Atme den Sommer

Atme den Duft der Blumen
ewiger Glanz des Sommers
zart weht der Gruß des Windes
der meine Sehnsucht erreicht.

Träumende Erinnerungen

Feuer flackert im Kamin,
Gedanken gehen her und hin.
Grabe in Erinnerungen,
in denen ich bin tief versunken.
Es fiel mir dann noch plötzlich ein,
ein steter Tropfen höhlt den Stein.
Ich träume und freue mich darin,
noch flackert Feuer im Kamin.

Atem der Welt

Erlebe ihn in Gezeiten des Meeres.
Auch im Wechsel der Jahreszeiten.
Bei Gewalt, Brandung und Sturm.
Schaumigen Wellen und ein Turm,
Rauch aus dem Kamin abgelenkt,
von der Natur dann geschenkt,
wo die Welt atmet bleibt Leben.

März

Die Natur blüht auf wie jedes Jahr.
Erinnere mich wie`s Frühling war.
grüßt das Birkengrün die Luft.
Abschied dann und letzter Kuss.

Lauschen

Dieser Weg lädt ein zum Lauschen
Wasserfall erzeugt das Rauschen.
Man erkennt auch die Geräusche,
Niemand kann darüber täuschen.
Ist die Natur im Dämmerlicht,
dann kennt man die Farben nicht.

Die flatternden Vögel zum Ast,
finden im Dunkeln den Platz.
Verströmen den süßen Duft,
zarter Wind liegt in der Luft.
Mich umgibt der zarte Wind
im Walde lauschen das macht Sinn

Laue Luft

Lau des Strandes Sommerluft,
verletztes Herz es war Betrug.
Er hat vor Stunden ihr gelobt,
dass er sich mit ihr verlobt.
Außer Fassung und entsetzt,
trug den Ring noch bis zuletzt.

Zum Spaß hat sie es mit gemacht,
von Anfang an Verdacht gehabt.
Scherzhaft hat sie noch gedacht,
wer da wohl am Ende lacht.
Sie hat das Spiel dann ausgenutzt
gedacht, er sei ein schlauer Fuchs.

Wünsche Verständnis

Niemand der mich kann verstehen
ich kann nur mit Blicken reden
mir zum sprechen Worte fehlen,
ich zerstöre mit den Händen.
Niemand sich dann zu mir wende.

Angst

Geh lass mich endlich jetzt in Ruh
habe keine Lust dazu
umklammere mein Herze nicht
kenne deine Macht, kenn dich
hast mich oft genug gequält
hast mir genug Storys erzählt

Geh weg, dein Name heißt Angst
ich dich spüre, du mich bangst
will ohne Angst im Herzen leben
immer nur nach Frieden streben

Verliebt

Mein Herz für dich alleine schlägt
weil deine Liebe mich erträgt
möchte fühlen still dein Atem
bin bei dir auch gut beraten.

Jahreszeiten des Lebens

Früh ist die Jugend dahin
Freude des Alters geschwind
ist nicht mehr Sklave seiner Uhr
hör auch gern den andern zu
werde frei für Geist und Sinne
dass die Schönheit Raum gewinne
das Haar wird silbern und licht
manch ein Traum darum zerbricht

Winter ist nahe

Nebelschwaden am Morgen
glatt durch Eis macht Sorgen
die Perlen am Strauch bleiben
welke Blätter sich klebrig zeigen
leise winselt dann der Wind
Lüfte die zu kalt ihm sind
Abschied von den Farben Herbst
das geht niemals ohne Schmerz

Ausklingender Abend

Kühler Abend, will von der Hitze
entspannen, und nicht schwitzen.
Sehe den Stuhl unter dem Baum
will beschließen meinen Traum.
Blass die rotgoldenen Reste,
von der Sonne dann das Beste.
Mücken tanzen, leicht geschwinde
um die raue Baumes Rinde.
Um die Freude, es wird netter,
weil es bleibt das schöne Wetter.
Freu mich auf die dunkle Nacht
morgen früh der Tag erwacht.

Vieles erreichen

Wollte vieles noch erreichen
nicht so schnell die Segel streichen
warten auf die Sonnenstrahlen,
die jedes Jahr den Herbst bemalen

Klare Worte

Fühle mich zurück versetzt
In die Zeit von Babel
mir fehlt auch die Fabel
lese von den Lippen
worauf kann ich tippen
es ist einfach schwer
Üben will ich jetzt nicht mehr

Krieg und Frieden

Sehnsucht nach Frieden
Vernunft soll siegen
siebzig Jahre ruhen Waffen
Liebe kann die Herzen straffen

Mai

Kirschbaum der fängt an zu blühn
rundherum ist alles grün.
Bis zum Sommer wird es dauern,
hin und wieder auch ein Schauer.
Sonne wirkt von Blüte zur Frucht
was schon welk, wählt die Flucht.

Die Zeit sie wird uns oft zu lang,
bis die Kirsche leuchten kann.
Man höre auch die Vogelstimmen,
es ist Mai er will so klingen.

Eine neue Phase

Zum Beginn jeder Phase
stell ich mir die Frage
wo steuert jetzt mein Leben hin
hat alles planen noch den Sinn
jede Schönheit meines Lebens
soll mir die Entdeckung geben

Frühjahrsboten

Erwarte jetzt Frühjahrsboten,
die, die Winterzeit belohnten.
Eine Amsel nutzt in der Pfütze ihren
Frühlingsputz.
Umsichtig bespritzt sie ihre Brust.

Schaufelt Wasser übern Rücken.
Leicht fällt ihr dabei das Bücken.
Mein Blick wechselt zum Busch,
erkenne vom lila Flieder den Duft.
Genieße milden Frühlings-wind,
vergaß wie hell die Sterne sind.

Verwaltung zum Jahresende

Die Zeit ist wieder mal erreicht,
durch Bilanzen aufgezeigt,
am Jahresschluss ist ideal
Gewinn Verlust und Kapital.
Buchungen im Soll und Haben
durch Beweise zu ertragen.

Das Aktive es einfach hat
den Passiven steht es zur Last.
Im Soll und auch im Ist,
erkannte über Jahresfrist,
es macht den Überblick genau,
jeder werde daraus schlau.

Fehler sollten nicht bereiten
man verliere gute Zeiten.
Es wird weiter dann gesucht
und das Richtige verbucht.
Fehlbuchung nie geplant,
Ordnung mache sich bezahlt.

Bilanzieren heißt im Leben
Geben seliger als Nehmen.
Geben verdoppelte die Freude
nehmen bereitet oft ein Leiden.
Soll im Leben heißt Motivation,
Haben ist dann Endstation.
Das Ziel im neuen Jahr ist „Soll".
Dieses Ergebnis ist einfach toll!

Böse Worte

Im Streit sind böse Worte gefallen
habe auf dem Boden nichts
gesehen,
sie wurden vergeben.

Dieser Tag

Andenken an diesen Tag
festhalten was sich ergab
sammeln dann für frohe Stunden
alle Freunde in der Runde.
Wie ein Brauch aus alten Tagen
Fakten dann zusammen kamen.

Haben Anteil an deinem Leben
so sind die guten Freunde eben.
Neues hast du schnell geschafft
einfach toll was du gemacht.

Seine Zeichen

Wald gibt Zeichen des Lebens
Frühling will sein Zeichen geben
der Mensch spürt dieses Sehnen
er möchte nicht in Zwängen leben.

Erntezeit

Jeder Baum der Früchte trug
man am Strauch die Beere sucht,
reifes Korn wird eingebracht.
Vom reifen Weinstock edler Saft.
Wenn kahl das große Stoppelfeld
Wandrer baut am Rand sein Zelt,

Tief graben Pferdehufen ein
im Boden nach der Erntezeit.
Wenn der Nebel aus den Tiefen
Igel ihren Schlaf verschliefen,
saß man gern beim Kerzenschein
und prüfte dann den alten Wein.

Haiku

Beim Waldspaziergang
erlebte ich heile Welt
der Wald ist weit weg

Bunter Abschied

Herbst plante seinen Abschied
dies wahrzunehmen ich vermied.
Wählte ausgeglühte Tageszeiten,
die Sonne blieb mit Nettigkeiten,
Farben aller guten Weine,
trinkt man gern in der Gemeinde.
Vögel sind dann ausgeflogen,
Winter schien erst ausgewogen,
dann nicht lange kalt und weiß,
Winter hat uns schnell erreicht.

Alltagskreislauf

Kleine Wünsche wirst du haben
dass Gäste dir dann gerne sagen,
dass Dir auch die großen Dinge
im Alltag werden noch gelingen.
Auch der Himmel sei nicht ferne
alles das erkenne gerne.

Feuer der Liebe

Es brennt das Feuer der Liebe
erlischt die lodernde Glut
in deinem Blick eins die Liebe
bricht ein wie nach Ebbe die Flut.

In der Liebe erlebt

Er liebte nur den Leichtsinn,
sie sah darin keinen Sinn
er legte sie darauf in Fesseln,
sie wollte all das vergessen.
Sie hat es getragen Jahr für Jahr
Schweigen zu brechen lag ihr nah.
Einer der kam sie zu befreien
wahre Liebe begann zu gedeihen.
Spuren vom Leichtsinn die blieben
sie gab es auf ihn zu lieben.
Die Liebe aber konnte nicht sein
jetzt ist sie glücklich aber allein.

Die im Dunkeln

Erfülle Wünsche im Haben
Lichter leuchten mit Gaben
schaffe es nicht
denn mir fehlt das Licht,
weil
„die im Dunkeln sieht man nicht"

Erinnerung am Meer

Oft gleicht das Herz dem Meer
das bei Flut und Ebbe hin und her.
Man findet dann so manche Kiste,
die man aber nicht vermisste.
Von Sorgen erdrückt und belastet
Probleme erkannt und befasste.
In der Erinnerung als Frucht
die man lange nicht gesucht.

Erste Knospen

Wenn ich an der Linde
erste Knospe finde
jeden Morgen neu
brech ich immer treu
Zweige dann mit Blühten
um den Morgen zu begrüßen.

Ein Morgen im Mai

Ein Wald soweit das Auge reicht
grüne Schattierungen so fein.
Was jedem Maler Freude macht
auch das Gelb des Löwenzahns.
Nach Tagen dann der Samenhute
vom Wind dahin geblasen wurde.
Eingebettet in den Wiesen
Raps lässt seine Blüten sprießen.
Sonne wärmt mit ihren Strahlen,
Frucht von Raps wird es behagen.
Nebel steigt über die Alb
In den Orten bleibt es kalt.

Haiku

Lehne mich zurück
die Gedanken schreiben sich
lausche bis zum Schluss

Familienleben

Familie sie will Freizeit pflegen
schreiben spielen und mit lesen.
Planen Ziele mit Urlaubszeiten,
für kurze und für lange Reisen.
An alles wird bis jetzt gedacht,
Kaffee, Tee Wasser und Saft.

Beim Erzählen in der Runde,
ist vorbei schnell eine Stunde.
Es geht bis abends an den Tagen,
dass Müdigkeit uns will plagen.
Oft sind kurz die Planungsstunden,
wenn wir treffen uns in Runden.

Neue Dichtung

Du bist die Rose die ich pflege
die Wurzel an mein Herze lege
der Sand unter meinen Füssen
du bist aber oft nicht da, dann
warte ich still, und igel mich ein.

Es schien vorbei

Nachts dachte sie an ihre Wege,
mit ihm und was sie so bewegte.
Sie waren sich einander doch nah
warteten auf alles, was geschah.
Die Stille durchbrach ein Schrei
im Traum, es schien vorbei.
ganz sachte rieb sie ihre Augen
wer den Schlaf ihr wollte rauben
Sie wurde wach es war ihr schwer
ihre Hand griff, das Bett war leer

Leere Schuhe

Schuhe in der Ecke
träumen davon einmal mit ihnen
Wege zu gehen,
um etwas auf die Beine zu stellen.

Erinnerung

Schreibe dich in meine Worte bleibe
meine Erinnerung.
Stunden erwachen zum Leben, alles
ist da, der Baum, der Wind.
Der Geruch des Waldbodens,
Konzert der Vögel, Zärtlichkeit.
Ich bin jetzt auf der Flucht,
in das Paradies der Erinnerung.
Aus dem mich niemand vertreibt,
und ich für immer gern dort bleib.

Familie

Die Familie will sich neu gestalten,
sich innerlich weiter entfalten,
jeder einzelne wird getragen.
An allen Tagen und in allen Jahren.
Jeder findet auch die Kraft
wenn er seine Arbeit macht.

Wenn er der Zukunft vertraut
kein anderer den Weg verbaut.
Familie bleibt als Herzstück allein
Hafen der Ruhe und doch klein.
Hoffnung das bedeutet Säulen,
von der einzelne nur träumen.

In der Familie wird dann erfahren
es sind auch die Tiefen zu ertragen
für alle wird es geben ein Raum
in dem man dankbar weiter baut

Vom Leben diktiert

Alles vergeht was auf Erden lebt,
es wechselt stets was sich bewegt.
jeder darf erfahren, je weiter er
kommt
im Laufe der Jahre das Leben will
gekonnt.
Gekonnt sein will das Schweigen,
aber auch das Reden sein.
Ein Ja auch zum Leiden,
kann dann ein Überwinder sein.
Überwinden ist leicht gesagt,
wird in der Praxis oft gewagt.
überwinden oft mit Macht,
geht es nur mit Gottes Kraft.

Überwindung erleb ich jetzt,
drum denke ich zu guter letz,
dass in dem Leid in dem ich steh,
Gott selbst dann mit mir gehen.

Wirklich verstehen

Möchte gerne es verstehen
doch ihre Worte schlugen fehl
Sie wirkte alles allgemein
ihre Freundschaft sollt nicht sein.

Mein Garten ein Ort

Mein Traumgarten ein solcher Ort,
in ihm finde ich Blätter immer fort
das ist mein eigenes Paradies
das ich selten gern verließ.
Dort meine Seele baumeln kann
die kleine Lücke kenne ich dann
Muster auf Platten und Steine
Bruchstücke auch winzige kleine
Sitzhöhe, weiche Kissen in Lücken
kleine Pflanzen, leicht zu stückeln

Meine Träume

Träume sanft wie Morgenwind,
grausam wie Stürme der Nacht.
Lausche dem Ton Blätter im Wind,
leises Lachen der Mond er wacht.
Hin und wieder wird mir bang,
bis zum Morgen scheint es lang.

Hin und wieder fühl ich mich frei,
sehne die Zukunft oft herbei.
Himmel untröstlich vor mich hin,
Tränenmeer weiß nicht wohin.
Wind bringt Düfte aus aller Welt
bin unterwegs, suche mein Zelt

Male den Himmel weiß und blau,
Meere scheinen über alles hinaus,
Sonne Wolken Regen und Wind
wichtige Teile der Träume sind
Fremde Geräusche miteinander
meine Träume wollen wandern.

Wunschzettel

Wünsch mir einen gesunden Leib
den ich auch zu erhalten weiß
Undank dafür mir bleibt fremd
Sorgen darüber ich nicht denk.
mein Herz zur Freude entfache
und frohe Gedanken mir mache.

Mir gegeben ist Sinn für Humor,
frohe Gedanken finden zum Chor.
in meinem Leben ein wenig Glück,
wahrzunehmen Stück für Stück
mich von Festen bestimmen lasse
Gleichgültigkeit ich immer hasse.

Erkenne kleine und große Dinge
sie zu gestalten mir gelingen.
Kraft und Freude in mir steckt
die mich weiter zum Guten weckt
dass mir bleibe auf allen Wegen
Gottes Beistand stets erstrebe.

Über'n Zaun geblickt

Der erste Rasenmäher im Betrieb,
danach ein Vöglein klein und lieb
über den gemähten Rasen hüpft,
es sucht noch anderes und pflückt.
Ein andrer versuchte zu fliegen,
weil geübt konnte er siegen.
Sein Ziel, ein kleiner Strauch.
Er ließ sich nieder ward zu Haus.
Kleiner Vogel hat sein Ziel erreicht,
seine Welt der Ausflug war leicht.

Melodie

Höre eine Melodie,
längst vergangener Zeit.
Text jedoch wirkt weit
kenne ihn nicht mehr,
mein Herz ist nicht leer.
Ich singe einfach mit
und bleibe somit fit.

Orientierung

Auftrag und Ziel früh oder nie.
Zeit sagt dir froh liebe das Risiko,
nimm dir Zeit, mir scheint so weit.

Zusammen gebastelt

Von Baumstämmen einzelne Teile
nach dem Trocknen glatt feilen.
Je einen halben Meter lang,
auf dem man bequem sitzen kann.
Bevor die Gestaltung beginnt,
am Stamm keine Feuchtigkeit find.
wurde von der Rinde befreit,
Zusammenbauen ist nicht leicht.
Trotzdem macht das Basteln Spaß.
man nimmt dann genaue Mass.

Die Natur schläft

Die Natur schläft noch sacht
es ist weit nach Mitternacht
der Rhein ruht in seinem Bett
nah an der Uferwiese im Zelt

Abschluss

Erinnerung bleibt mein Glück
Geschichten erlebt jedes Stück.
Wo ist geblieben das schöne Jahr?
Unerreichbar und doch so nah!
Egal was damals auch geschah
unsere Zeit dem Glück ganz nah.
Jetzt lieb ich meine Gegenwart
manches Mal da ist sie doch hart.

Haiku

Knallend und peitschend
die Hagelkörner auf's Dach
die Luft ist jetzt rein

Das Haiku ist die kürzeste aller lyrischen Formen, die wir in der Weltliteratur kennen. Diese Form ist in Japan entstanden. Das Haiku hat die Form eines Dreizeilers mit

5 Silben in der 1. Zeile

7 Silben in der 2. Zeil

Das wiederum in einer überraschenden Wende von der 2. Zeile zur 3. Zeile eine Verallgemeinerung erfahren soll. Beispiel für ein traditionelles Jahreszeiten- Haikus:

„Schau, die Nachtigall

An der Pflaumenblüte wischt

sie die Füßchen ab"

Vita 2018
1933 in Essen geboren
Einschulung Volksschule 1939
1947 Volksschulpflicht nach der
8.Klasse.
ziales Pflichtjahr
1948 Lehre mit Abschluss
Kaufmannsgehilfenbrief
Berufstätigkeit & Weiterbildung,
Handelsschule
Stenografie & Schreibmaschine
1958 Selbständig Schreib &
Spielwaren
1965 Heirat
1971 berufsbegleitende Ausbildung
1973 Abschluss Heim-Erzieherin
        zwei Erwachsene Kinder

1973 Berufung in die Jugendhilfe
zwölf Jahre im Gruppendienst
dreizehn Jahre Heimleiterin
1999 Ruhestand

Seit dieser Zeit schreibe ich
Gedichte und Kurzgeschichten.
2004 Mitglied Autorenkreis
Neukirchen
2009 Kurzbiographie von Fall zu
Fall eine Heimleiterin erzählt.
2012 Witwe
2014 Umzug nach BW
2018
Meine Autobiographie: „Stöbern im
Schatz meiner Erinnerungen"
BoD Verlag
Im Februar 2019 zurück nach
Neukirchen.
Lebe seit dem im Matthias
Jorissenhaus in Neukirchen-Vluyn

Bereits Veröffentlicht
Gedichtbände:
Alles hat seine Zeit
Gelebter Glaube
Höre den Frühling

Wort
Gott ich rede mit dir
und Mensch Verlag
Ich über mich
Kinder sind unser Leben
Edition Wendepunkt
Glaube Hoffnung Liebe

Neuerscheinungen ab 2019
der Gedichtbände
Harmonie
Unser Sommer
Zeitwert